PRINCE HENRY DE VALORI

LA

PAROLE

EST

A LA FRANCE

Prix : un franc

PARIS

LACHAUD et BURDIN

ÉDITEURS

4, PLACE DU THÉATRE-FRANÇAIS, 4

LA

PAROLE

EST

A LA FRANCE

—~~~~~—

I

Un homme en danger de mort trouve en lui des ressources singulières qu'il semblait ignorer. Ses forces physiques et morales se centuplent pour un suprême effort.

Les intuitions les plus étranges lui révèlent où est le salut, si le salut est possible. La vérité se dresse devant lui, comme une Providence conservatrice ou comme un remords. Il aperçoit, lumineuses, les voies qu'il aurait dû éviter, comme celles qu'il aurait dû prendre dans un but de préservation.

Il en est de même pour un peuple. Au seuil de l'éternité de l'histoire, à la veille de disparaitre de la carte des nations, il fait un appel désespéré à toutes ses forces vitales, aux principes générateurs de son existence et de sa grandeur passées. Dans cette seconde vue des mourants, qui ne trompe jamais, il aperçoit le remède dernier et il y porte une main crispée.

C'est ce que fit la France en février 1871 ; la France plus en danger de mort que sous Charles VII ou qu'en 1793 ; la France prise entre l'invasion prussienne et le feu grégeois de l'Internationale.

Sur le bord de la tombe elle eut conscience de ce qu'il lui fallait pour se sauver, pour se guérir. Pendant que la Prusse la sabrait, la démagogie lui mettait un bâillon sur la bouche, et lui disait : « Tu ne parleras pas ; car nous savons ce que tu vas dire : PAS D'ÉTRANGER ET PAS DE RÉPUBLIQUE ! »

La France se débarrassa des bâillons de la Défense nationale ; elle envoya à Bordeaux une Assemblée élue dans les circonstances les plus graves de notre histoire, une Assemblée revêtue du caractère d'une majesté sans égale, recevant, du démembrement imminent de la patrie, de la banqueroute immédiate et de la Commune menaçante, un triple sacre.

La France ne détermina pas le mandat qu'elle confia à ses députés. Elle ne leur dit pas : « Constituez, légiférez, traitez, » Elle s'écria :

SAUVEZ-MOI !

Et pour mieux faire encore, elle élut une Assemblée monarchique s'il en fut jamais.

Et comme si ce n'était pas assez, vingt-six départements acclamaient M. Thiers : M. Thiers, l'ancien ministre d'un roi constitutionnel; M. Thiers, l'homme de l'opposition à l'Empire; M. Thiers, l'homme de l'opposition aux extravagances de la Défense nationale; M. Thiers, enfin, le défenseur du Pape et de Rome contre les unités italienne et allemande.

Le mandat, pour n'être pas déterminé, n'en était pas moins impératif :

La France déclarait, comme elle ne l'avait jamais fait depuis quatre-vingts ans, qu'elle voulait une paix honorable, une monarchie constitutionnelle et catholique, la paix avec la Prusse, la guerre avec l'anarchie sociale. Elle déclarait implicitement que l'Assemblée n'avait pas le droit de se séparer sans avoir fini sa mission, sans avoir — pour me servir de l'expression consacrée — couronné l'édifice.

Tel est le point de départ, telle est l'origine de l'Assemblée : ses droits en découlent avec une sanction indiscutable, une force irrésistible.

Tel fut le contrat bilatéral qui fut passé entre la France et ses mandataires. La France était libre de ne pas le signer ; une fois sa parole engagée, il ne lui appartient plus de la retirer.

L'Assemblée n'a pas plus le droit de se dissoudre avant d'avoir rempli son mandat que le peuple français n'a le droit de demander sa dissolution. Le système de pétitions n'est qu'une insurrection déguisée contre le droit populaire exprimé par le suffrage universel.

Étrange et dérisoire contradiction qui pourrait, selon le bon plaisir des requérants, mettre en jeu, tous les quinze jours, la tranquillité du pays ! Théorie dont l'insanité se démontre par l'absurde ; car, pour que les pétitions aient une apparence de droit, il faudrait qu'elles eussent été pratiquées dans les mêmes conditions de légalité et de bonne foi que les élections elles-mêmes, et que le nombre des signataires soit supérieur plus un à celui des électeurs de février 1871.

La mission de l'Assemblée n'est pas accomplie. En effet, que voulait la France en 1871 ? Qu'est-ce qu'elle entendait par ces mots : SAUVEZ-MOI, qui n'étaient écrits nulle part, mais que chacun voyait, entendait, sentait ? Que voulait-elle dire par ce cri de désespoir qui fut plus fort que celui des tribuns, des incendiaires, qui domina à la fois le canon des Prussiens et les hurlements de la démagogie, victorieuse par nos défaites !

Elle voulait dire : « Venez en toute hâte, accourez, pour

effacer de ma politique, de mes lois, de mes constitutions, tout ce qui, depuis près d'un siècle, a été pour moi une source de malheurs et de calamités !

« Je suis monarchique, rendez-moi la monarchie, la vraie, celle qui a découpé mes frontières, celle qui a survécu à Leipzig et à Waterloo, tant son nom était grand et son prestige salutaire !

« Toute mutilée que je suis, je reste encore, par mes richesses, par mon rang dans les arts, dans les lettres, dans l'industrie, la grande nation. Délivrez-moi de cette tourbe anti-sociale qui détruit mon crédit, ébranle la confiance publique et éloigne de moi les capitaux. Redressez des lois vicieuses, immorales, écrites pour le césarisme et pour la démagogie ; faites-moi une bonne loi électorale.

« Au milieu des décombres qui jonchent le sol, je ne vous demande pas l'avénement immédiat de mon roi; mais j'exige que, fidèles à votre mandat, vous n'acceptiez aucune transaction avec votre devoir, avec votre patriotisme. Vous n'avez pas été élus par des partis, vous a été élus par votre mère, par la France royale, catholique, libre, mais avant tout conservatrice. »

L'Assemblée a donc encore les lois à modifier, toutes sans exception, et enfin à donner au pays une constitution.

M. Gambetta citait, dans un discours, ces paroles de Mon-

talembert : « De quel droit êtes-vous ici? » On aurait pu ré-
pondre à l'orateur : « De quel droit y êtes-vous venu? » Le
noble comte, si fort admirateur des libertés anglaises, ne
comprenait pas que le régime parlementaire a pu s'asseoir
fortement sur les assises séculaires du patriotisme et du bon
sens anglais, mais qu'il est moins facile à établir sur un sol
bouleversé par les révolutions, en face d'une capitale incen-
diée par ceux qui ne veulent de la liberté que le droit de
l'incendie et du vol.

On nous répond que les élections partielles, depuis deux
ans, étant toutes en faveur de la République, le pays veut
la république. J'ai répondu plus haut, avec une précision
mathématique, à cette objection.

Mais admettons que le pays veuille la république radicale :
faudrait-il la lui accorder?

Un publiciste bonapartiste distingué (1) nous démontre que
nous irons, avec de nouvelles élections, à la légalité rouge ;
et cela du fait de M. Thiers. Il propose, comme remède, un
plébiscite. Mais si le pays est assez démoralisé pour envoyer
à Versailles, après la Commune, des députés rouges, n'est-il
pas à craindre qu'il acclame, dans un plébiscite, un radical
quelconque?

De quelque côté que vous vous tourniez, au point de vue

______

(1) M. Clément Duvernois, *la légalité Rouge.*

conservateur, vous devez confesser le droit souverain de l'Assemblée nationale de conserver ses pouvoirs jusqu'à l'accomplissement de son mandat.

Il n'y pas un homme sérieux en France qui croie à la république telle que nous l'avons pratiquée jusqu'au 24 mai.

II

Vous aurez beau torturer la langue latine, vous ne pourrez jamais traduire autrement le mot *Respublica* : la CHOSE PUBLIQUE, la chose de tous. Or, chaque fois que vous avez essayé la forme du gouvernement républicain, tel que vous l'entendez, la CHOSE PUBLIQUE est devenue la chose d'une coterie, à l'exclusion rigoureuse de tout ce qui n'était pas vous ou les vôtres :

Fusillez-moi tous ces gens-là !

Où est le gouvernement de la chose publique dans les deux mondes, sous le nom de république ?

Était-ce en France, avec le drapeau rouge à Lyon, Garibaldi à Dijon, Esquiros, Gent, Duportal et Challemel-Lacour comme proconsuls ? Était-ce sous M. Thiers, avec Jules Simon, Jules Favre et consorts au ministère et les droits de l'Assemblée souveraine traités aussi cavalièrement que les engagements d'honneur pris successivement et successivement violés ?

La chose publique est-elle en Espagne qui va périr, étouffée par l'Internationale, si Dieu ne soutient pas son sauveur? Est-elle en Suisse où la conscience n'est pas libre, où la prière est punie de proscription ? Ou aux Etats-Unis où le plus fort égorge le plus faible lorsqu'il refuse de payer les tarifs ?

Il n'y a qu'une république de par le monde : c'est la Grande-Bretagne, parce que, associant son œuvre à l'action de la divine Providence, un grand peuple a su tenir compte, dans l'accomplissement de ses destinées, du passé, du présent, de l'avenir ; parce qu'il sait que Dieu veut que l'on se souvienne de ses aïeux, que l'on tienne compte de ses volontés présentes et que l'on ne s'achemine vers l'avenir qu'avec la prudence du pilote qui sonde les abîmes avant d'aborder sur des plages inconnues. Un pareil peuple peut supporter la crise cotonnière, les manifestations du socialisme, et, un jour, il rentrera dans la foi de ses pères sans secousse, sans révolution.

Ne l'oublions donc pas, et gravons-en le souvenir dans notre mémoire, il y a un abîme entre la CHOSE PUBLIQUE et la RÉPUBLIQUE.

La chose publique: c'est Israël, ce petit peuple dominant l'Orient tout entier par sa foi, son intrépidité, sa civilisation, son respect pour Dieu, pour la loi, pour ses patriarches, ses pontifes, ses rois. La république: c'est ce même peuple livré par ses divisions intestines à Babylone et à Rome, livré par les scribes, les pharisiens à la révolution sociale ; s'agenouillant devant César et crucifiant son Dieu, pour être rayé par César de la liste des nations et devenir les parias de l'humanité.

La chose publique : c'est la sagesse du peuple romain, aux jours des Scipion et des Métellus, « capable, dit Bossuet, de porter le joug et le commandement légitime qu'il opposait volontairement à sa liberté, quelque chose d'invincible à elle-même de peur qu'elle ne devînt trop licencieuse. » — La république : c'est la Rome des Sylla, des Marius, des esclaves et des prétoriens, passant par Catilina et César, par le vol et l'apothéose, pour descendre du plus haut sommet de l'histoire à Augustule et à Pasquin.

La chose publique : c'est la royauté de nos aïeux, cette royauté qui substitua à la Gaule païenne la France catholique ; à un peuple d'esclaves un peuple libre ; qui, à force de conquêtes religieuses, morales, militaires, créa la royauté temporelle du pape, les libertés de Louis XVI, et les frontières de Louis XIV, ces trois derniers mots de la foi, de la liberté, de la grandeur : cette triple et merveilleuse unité que la Terreur, la Dictature, les Cent-Jours, les barricades de Juin, la Commune et les Otages n'ont pu détruire. Ah ! vous l'avouerez, la chose publique édifiée par nos rois est bien solide, car votre république n'a pu y toucher. A l'heure de vos triomphes passagers, il y a deux exilés, deux vaincus, qui ont le don de vous préoccuper : le Pape et le Roi. Car vous savez bien que vous aurez beau faire, la reconnaissance et la mémoire des générations ne se noient pas dans le sang et dans le pétrole. On peut assassiner un pontife et brûler le palais des rois, la Papauté et la Royauté demeureront, les assassins passent avec la fange aux égouts de la rue Haxo.

III

L'Assemblée nationale avait donc choisi M. Thiers pour présider la chose publique. Oublieux du pacte de Bordeaux, il a présidé une république que la France n'a pas proclamée. L'Assemblée nationale a agi avec modération, mais avec énergie. Avant de renverser un mandataire infidèle, elle a voulu étonner le monde par sa longanimité.

Je suis de ceux qui ont le plus admiré M. Thiers.

Je croyais en lui, et, tout en rendant justice aux services rendus, je le déclare, je me suis trompé.

Il avait reçu un mandat, il l'a dénaturé;

Il avait reçu des pouvoirs, il les a outrepassés;

Il avait une sainte mission, il ne l'a pas remplie jusqu'au bout.

L'Assemblée nationale l'avait choisi pour être l'homme d'affaires de la France, il s'est considéré comme la France et a voulu se couronner lui-même.

Ils crient à l'ingratitude, ceux qui en faisaient l'instrument de leurs convoitises ; comme si, aux jours des ambitions coupables, l'ingratitude n'était pas la vertu d'un grand peuple. Comme si lui-même, descendu du pouvoir et rentré dans sa conscience, ne regrettait pas le rôle que lui avait confié la Providence : le plus noble, le plus grand rôle de notre histoire. D'autres en ont accepté l'immortalité.

La France lui a prouvé, le 24 mai, qu'elle n'était pas ébranlée par la chute d'un « petit bourgeois, » et la Maison royale de France, en se réconciliant, en ne formant plus qu'un seul et même cœur au service du pays, a infligé un démenti suprême à cette phraséologie de sophismes et d'artifices avec laquelle on a amusé et trompé la foule pendant deux ans.

Le 5 août 1873, les Bourbons et les Orléans ont confondu dans une même affection, dans une même aspiration, dans une même espérance, leurs affections, leurs aspirations, leurs espérances pour le bonheur de la France.

Cette date à jamais illustre, il n'appartiendra à personne de la rayer. Il n'appartiendra à personne de dénaturer les faits, de leur enlever leur signification, de diminuer leur portée. Ces choses-là sont les choses de Dieu : elles échappent aux machinations humaines.

Seulement, il faut s'attrister, en songeant que, dans le pays de toutes les générosités, de toutes les largesses, de toutes les charités, il n'y a pas de charité politique.

Un événement prodigieux, inattendu, réunit dans un même faisceau deux branches royales et deux grands partis ; cette réconciliation, le rêve de tous les hommes politiques des deux mondes, de tous les esprits impartiaux et pratiques, s'opère comme par miracle, à l'heure où l'on n'espérait plus ; et, au lieu de mêler leurs voix aux millions de voix qui applaudissent à la résurrection nationale, des mécontents, dans les partis conservateurs eux-mêmes, veulent donner le change à l'opinion publique.

Cette explosion de colère et de dépit ne peut enrayer dans ses voies la politique de Dieu. Il est opportun, cependant, de réfuter leurs arguments.

C'est à l'acte du 5 août, dans son essence, qu'ils s'en prennent tout d'abord. Selon eux, c'est une conspiration aggravée d'une abdication de la part des uns ou des autres.

La conspiration n'est pas douteuse. Aussi, bien loin de la mettre en doute, je la signale à tous les bons Français qui, au spectacle de charité, de concorde et de patriotisme donné par la famille de leurs rois, se demanderont, je l'espère, si l'exemple n'est pas bon à suivre.

L'abdication, je l'avoue, me paraît moins claire. Ce qui est lumineux, écrasant, irrésistible, c'est le raisonnement suivant : le comte de Paris, par l'acte du 5 août, profane la mémoire de son père et déchire son testament. Le jeune prince traite, selon eux, cavalièrement la révolution. Cependant, vous le mettiez dans un cruel embarras. Le comte de Chambord, qui est fidèle au testament de Louis XVI : « Je pardonne à mes ennemis » est un réactionnaire, selon vous. Aussi, le comte de Paris, qui ne voulait pas être qualifié de la sorte, s'est-il empressé de se rendre à Frohsdorf. Et cela, sans craindre vos injures et vos railleries. Car la révolution dont le duc d'Orléans parle dans ses volontés dernières, croyez-moi, ce n'est pas votre révolution à vous : ce n'est, assurément, ni la République, ni la Commune. Le roi Louis-Philippe, d'ailleurs, en mourant, a légué à sa famille un testament plus solennel. Il explique et commente suffisamment celui de son fils.

QUE LE COMTE DE CHAMBORD SOIT LE CHEF DE LA MAISON D'ORLÉANS.

Non, monseigneur, vous n'avez ni abdiqué, ni désobéi à la volonté de votre père ; vous n'avez pas descendu, vous avez monté, au contraire, sur ces hauteurs plus élevées que les trônes, où s'asseyent les victorieux de leurs passions, les victorieux de l'amour-propre, les victorieux du respect humain ; ceux qui font leur devoir quoi qu'il advienne et qui ne laissent pas dominer la voix de leur conscience par les clameurs de la foule.

IV

Si le comte de Paris, selon eux, abdique, le comte de Chambord n'est pas mieux traité.

Les vieilles calomnies inventées pour les niais reparaissent dans les feuilles radicales. Sous la Restauration, ils assuraient que Charles X disait la messe ; que, Ignace de Loyola ressuscité, avait été nommé maréchal de camp par les Bourbons de Naples ; que Louis XVIII avait créé marquis Bonaparte. Aujourd'hui, Henri V va ramener les corvées, la dîme, il va guérir les bosses et les écrouelles. Nous allons revenir au droit de jambage. Et puis la capitale va être transférée au Paray-le-Monial : Henri V officiera comme archevêque et Charrette et Cathelineau lui serviront de vicaires.

J'en passe et des meilleures. Tel est le bilan de la Restauration à l'intérieur. A l'extérieur, Henri V déclare la guerre à l'Italie, cède la Champagne et la Brie à la Prusse pour obtenir sa neutralité et emprunte deux milliards à MM. de Rothschild pour aller délivrer le Saint-Tombeau. A cet effet, on forme trois cents régiments de zouaves pontificaux.

« La multitude, — disent les carbonari, — a eu de tout temps une extrême propension vers les contre-vérités. Trompez-la ; elle aime à être trompée !... Agitez à petit bruit, inquiétez l'opinion, tenez le commerce en échec ; surtout ne paraissez jamais ! »

Après Felice (1), écoutons l'apôtre de la laideur perfectionnée. Henri V, dit-il, représente « l'asservissement politique, et, ce qui est encore plus dur et plus insupportable pour les sociétés modernes, l'asservissement théologique !» (2)

Ainsi, voilà qui n'est pas douteux. La *Somme* de saint Thomas va devenir la constitution française.

Tout ceci est risible ; mais ce qui est odieux, c'est l'exaltation du *droit nouveau* par le disciple de ce Voltaire qui applaudissait à Rosbach. Le droit nouveau, c'est le droit de Bismark mutilant, spoliant et rançonnant la France, supprimant le Hanovre, s'emparant de la moitié du Danemark. C'est le droit de Cavour créant l'Italie, cette sœur aînée de la Prusse. C'est le droit de Juarez fusillant Maximilien, sur un geste des Etats-Unis. Ce droit-là a toutes les sympathies de l'âme *française* de M. Littré. L'histoire est pour lui, comme la science, une école de bestialité politique où l'expérience des révolutions doit marcher de pair avec les expériences

----

(1) Instructions de la Haute-Vente,
(2) Lettre au *Phare de la Loire,* par M. Littré.

anatomiques et chimiques. Si nous proférions de pareils blasphèmes, on nous lapiderait; mais l'athée qui, dans l'infini, n'a pas même vu un néant perfectionné est un oracle, chez un peuple qui, au milieu de tant d'orages politiques, cherche sa boussole dans l'inquiétude et l'obscurité.

J'en passe et des meilleures.

Mentez, mentez, vous savez bien qu'il en restera toujours quelque chose. Faites croire aux populations rurales que c'est Henri V qui a inventé la dîme des cinq millards payés à la Prusse; que c'est lui qui, depuis 1830, leur impose ces prestations en nature qui ne sont que des corvées déguisées; que c'est pour corrompre les mœurs et propager le droit de jambage que ses amis vont prier la Vierge de Louis XIII et qu'en invoquant le Sacré-Cœur de celui qui a osé dire : « *Aimez-vous les uns les autres,* » le chef de la maison de Bourbon prouve surabondamment qu'il ignore le saint précepte : *liberté, égalité, fraternité*; qu'il imite, il est vrai, le républicain Savonarole qui proclamait Jésus-Christ roi de Florence; mais qu'il ne faut pas s'y fier.

Un peuple qui prie ne peut périr.

La prière de Tolbiac a inauguré notre glorieuse histoire. L'Assemblée nationale en votant des prières publiques et la France en s'agenouillant au pied des autels a inauguré les jours de paix et de réconciliation qui brillent sur la France.

Et si la parole de la France s'élève bientôt en faveur du fils de ses rois, elle pourra dire avec Victor Hugo :

C'est Dieu qui l'a donné; le Dieu de la prière.

et lui n'oubliera pas ce que le vieux roi Charles X lui disait, en le bénissant à Holy-Rood :

« Henri prie bien, prie surtout pour la France ! »

C'était le jour de sa première communion. Charles X lui apprit, ce jour-là seulement, que son père avait été assassiné, afin que l'orphelin, en recevant pour la première fois le Dieu crucifié, inoculât dans son cœur le sang et le pardon divin.

Dormez donc en paix, fauteurs de régicide, d'assassinat et d'incendie, on pardonne dans cette famille-là ; et c'est pour cela que vous, vous ne lui pardonnez pas.

V

Et maintenant, à l'œuvre ; mais à l'œuvre dans le droit, dans la justice, dans la légalité.

S'il m'était permis, à moi, le plus humble des serviteurs du droit, de formuler une opinion, sinon de donner un conseil, je dirais à nos amis de la presse, comme à tous nos amis en général : gardez le silence, ne répondez pas à des attaques passionnées ; n'aigrissez pas le débat par des discussions prématurées. Que les questions de détail ne viennent pas compromettre la grande question sociale; celle de la régénération de la France par la souveraineté de ses élus. La parole est à la France, attendez patiemment et respectueusement que la France ait parlé par la majorité de ses représentants.

N'oubliez pas que rien de grand n'a été exécuté sinon dans le silence et le secret. Jésus-Christ et Moïse n'étaient entendus que de Dieu à Gethsemani et au Sinaï. Les grandes lois qui régissent l'humanité et la société française en particulier n'existeraient pas, si elles avaient été livrées en pâture à une publicité sans bornes.

Il y a deux ans que l'acte du 5 août serait accompli si des partisans maladroits n'avaient pas émis des opinions dangereuses, en provoquant des exigences attentatoires à la dignité royale. Ce sont eux qui ont soulevé la question do drapeau.

Le manifeste du drapeau a révélé à la France de coupables manœuvres, une conspiration monarchique contre le principe monarchique lui-même.

Pour ceux qui connaissent toute la dignité dont est revêtu le caractère du Comte de Chambord ; pour ceux qui savent quelle est la sagesse et la discrétion de sa parole royale, il est évident que l'on avait tenté auprès de lui une démarche audacieuse, insolente.

Dans la question du drapeau, une seule personne a le droit d'être entendue : LA FRANCE! mais la France ayant rendu à son roi l'exercice du droit royal. La France seule a le droit des remontrances par l'organe de son Parlement.

Que l'Assemblée nationale, ayant rappelé le Comte de Chambord sur le trône, mette à son ordre du jour la question de savoir si, en raison de nos vicissitudes centenaires, il n'y a pas lieu de demander au roi certaines concessions, ceci est légal, logique.

Je ne traiterai donc pas cette question de drapeau : je n'en ai pas le droit, je n'en ai pas la volonté. Toute discussion ne servirait qu'à l'envenimer. Elle appartient à la France, au Comte de Chambord, et Dieu ne permettra pas que le drapeau soit le suaire de notre vieille monarchie.

VI

Fides, spes, ayons confiance, espoir en Dieu ; et soumis à l'Assemblée nationale, laissons les factions s'agiter stériles pendant que Dieu nous mène. La lumière finira par éclairer tous les cœurs honnêtes. Les bonapartistes et les républicains conservateurs éprouveront le besoin de calme et de repos après d'aussi longues tempêtes.

Aussi bien ils peuvent prévoir, dès aujourd'hui, la politique de ceux qui doivent fermer le temple de la discorde.

Ce que l'on veut en France, ce que l'Assemblée nationale ambitionne, c'est qu'il n'y ait plus de partis : c'est que nous devenions tous les whigs et les torys d'une ère de réconciliation, de pacification générale. Malheur à l'esprit étroit qui ne comprendrait que sur ce sol sacré de la France, sol bouleversé, fouillé par les révolutions, c'est une sainte pensée que celle de confondre dans une union intime les aspirations des partis divergents.

Pendant que la France applaudit à l'entrevue de Frohsdorf, elle relève la colonne Vendôme et ouvre ses portes à tous les exilés. Les bonapartistes comprendront que l'heure n'est pas propice pour une restauration impériale.

Il est, parmi les bonapartistes, des hommes d'un grand cœur. Entre tous, un publiciste chevaleresque qui, à l'âge où la vie commence, a déjà joué vingt fois sa vie pour la cause qu'il défend, pour la cause que nous défendons avec lui, l'ordre, la société. Ils nous rendront cette justice que, lorsque les orléanistes semblaient s'éloigner de Frohsdorf, nous leur disions : « Déclarez-vous pour le roi, sans conditions, remenez-le, s'il y a une chance pour vous dans l'avenir, elle est là, dans l'accomplissement du devoir; toute dynastie qui ne procédera pas de la restauration du Comte de Chambord est morte-née. »

Il est trop tard. Mais à ces hommes chez qui le patriotisme, la foi sont plus hauts encore que le respect pour de grands souvenirs, il doit être manifeste que si jamais — je ne le crois pas — des espérances pouvaient surgir pour eux — ce serait de leur soumission à la volonté nationale.

Il n'est pas sage de parler de plébiscite, de suffrage universel lorsqu'on le nie dans sa manifestation la plus éclatante, dans l'élection de février 1871.

On demande un plébiscite; mais qui le demande? qui a le droit de l'accorder? Vous, ou moi? Mais ni vous, ni moi, n'avons ce droit. Il n'y a que la volonté nationale qui puisse demander et accorder un plébiscite. Or, la volonté nationale, où réside-t-elle? Selon moi, dans l'Assemblée; selon vous, dans le plébiscite. Il faudrait donc un plébiscite pour autoriser un plébiscite. Voyez où nous allons, avec cette doctrine vague, indéfinie du droit plébiscitaire. Et puis, remarquez quelle contradiction singulière. Les députés bonapartistes ont élu Mac-Mahon, le 24 mai, et renversé M. Thiers, d'accord, ou plutôt partie intégrale, de la majorité. D'après la théorie bonapartiste, ils n'avaient pas ce droit, ils devaient réclamer l'appel au peuple.

Qu'ils soient donc logiques, il faut : ou qu'ils donnent leur démission, ou qu'ils respectent la souveraineté nationale qu'ils ont pratiquée eux-mêmes, comme députés, depuis deux ans.

Ils ne le feront pas, et nous nous réjouirons de voir

des hommes de courage et de talent ne pas déserter leur poste à l'heure du salut et de la conservation.

Si la parole est à la France, l'heure est à Dieu ; c'est-à-dire à l'imprévu des rapprochements désirés, des événements heureux, des combinaisons providentielles.

Beaucoup parmi les bonapartistes, tout en réservant l'avenir, se rallieront à nous contre l'ennemi commun, le socialisme.

Plusieurs ont déjà avoué que cinquante ans de grandeur n'étaient pas tout dans la vie d'un peuple âgé de quatorze siècles.

A chacun selon son âge ; au glorieux capitaine, la coupole dorée des Invalides, mais aux quarante générations de Robert-le-Fort, les voûtes douze fois séculaires de l'abbaye de Saint-Denys.

Mais glissons sur tous ces souvenirs. Le passé n'est plus, le présent nous appartient ; qu'il nous garantisse l'avenir dans un pacte d'une union indissoluble, d'une concorde éternelle.

La place est large au foyer paternel, lorsque celui qui y présidera n'a rien à venger, et que de près comme de loin,

pour lui tout fut, tout est, tout sera pour la France et par la
France.

VII

Si les bonapartistes et même les républicains les *plus
républicains* avaient pu, comme Charles Didier, contempler
non pas cette tête royale « la plus belle tête de roi » ; mais
cette âme plus belle encore que le corps, ils reviendraient
de Frohsdorf tous légitimistes, y compris M. Gambetta. Il
est une heure où l'auguste exilé était de cœur avec l'élo-
quent tribun, lorsque celui-ci, non encore circonvenu par les
radicaux, n'avait qu'une religion, celle du patriotisme, celle
de l'amour du territoire. Alors il acceptait Garibaldi qu'il
n'avait pas appelé ; mais il donnait des armes et des soldats
à tous ceux qui voulaient mourir pour la France, à Charette
comme à Cathelineau, comme à Christen et Kératry, et il
disait à l'héroïque Charette : « Gardez votre uniforme, il
rappelle de trop beaux souvenirs ! »

Ces beaux souvenirs, le tribun avait beau s'en défendre,
ils étaient là dans sa poitrine française. Cette unité prussienne, qui vomissait sur nous d'innombrables Germains, il
savait bien qu'elle était la fille adultérine de l'unité italienne.
Je vous le jure, monsieur, si vous aviez siégé à l'Assemblée

de 1849, vous auriez voté pour l'indépendance de Rome; pour cette délivrance à laquelle Charette a voué sa noble vie.

Depuis, la révolution sociale s'est emparé de M. Gambetta; mais qu'il sache bien que l'on n'est pas injuste dans le parti auquel j'ai l'insigne honneur d'appartenir, et que l'heure des rancunes et des récriminations est à jamais passée. TOUT POUR LA FRANCE ET PAR LA FRANCE, tous conviés au banquet du père de famille, de cette grande famille qui porte le nom de FRANCHISE, de LIBERTÉ, de cette grande chose publique qu'on appelle la France et dont les princes de Bourbons, en abolissant la torture, en proclamant l'égalité de tous devant la loi, en donnant la Charte de 1814, ne sont que les protecteurs héréditaires.

VIII

La République s'en va; la chose publique revient. Honneur à cette illustre Assemblée, qui a su trouver en sa conscience la règle de ses devoirs.

La Chambre cherchait un homme en attendant le Roi : l'Assemblée a proclamé cet homme.

Cet homme, c'est Mac-Mahon, c'est sa bonne épée, l'honneur du pays sauvé de nos désastres ; celui qui, sans sortir de son mandat, sans violence et sans coup d'Etat, a mission pour être le lien constitutionnel entre les deux branches de la plus illustre Maison de l'univers, l'intermédiaire entre le Roi et la France, qui de nos malheurs peut faire sortir la résurrection ; parce que c'est des grands désespoirs que Dieu fait jaillir les espérances immortelles ; parce que Dieu, quand il veut se faire entendre, parle à haute voix, sur les ruines de Ninive et de Paris.

Et qu'on ne m'attribue pas une arrière-pensée pour la prêter au maréchal. Je sais qu'il ne sera ni Monck, ni Washington ; mais il sera LUI, secondant l'Assemblée dans le rôle que lui ont confié ses mandataires.

Non, le jour n'est pas éloigné où Mac-Mahon fera afficher sur tous les murs de nos villes ces lignes : « Je remets loyalement mes pouvoirs à l'Assemblée, qui vient de proclamer la Royauté de Henri de France. »

Convenons donc que c'est pour tous les partis une bonne fortune sans pareille que d'avoir pu remettre d'un commun accord le dépôt du pouvoir à un homme dont la loyauté sans reproches a découragé la calomnie ; un homme à qui personne n'oserait prêter, même par l'insinuation la plus détournée, soit un calcul, soit une arrière-pensée personnelle ; un homme dont la modestie n'est pas éblouie par l'éclat du rang suprême, et qui paraît presque importuné par sa gloire militaire depuis que l'ombre de nos malheurs en a assombri l'auréole. Un homme exempt de cette recherche de popularité et de cet attachement au pouvoir qui dictent souvent aux hommes d'État de dangereuses complaisances, voilà bien, dans les périls que nous traversons, le chef naturel des gens de bien.»

» Rangeons-nous tous autour du nom vénéré du maréchal de Mac-Mahon, et si nous assurons avec lui le salut de la France, nous aurons mis en lumière un grand enseignement moral, plus nécessaire que jamais à recueillir dans les temps de révolution, c'est que dans la vie publique, la vraie. la suprême habileté, c'est encore l'honneur et la vertu (1). »

IX

Il va revenir le *Dieu donné*, l'*Enfant du miracle*, celui qui, enfant, épelait sur les murs de Lulworth cette devise chrétienne : *Nil sine numine*. Rien sans la volonté de Dieu ! Le trône comme l'exil ; le trône pour régner avec justice, l'exil pour apprendre, à l'école du malheur, quelles sont les voies de cette justice. Rien sans la volonté de Dieu ! Les lois, les mœurs, les idées, tout a été renouvelé ; notre histoire elle-même a été lacérée, et la carte de Louis XIV honteusement modifiée ; des monarchies, des républiques, des dictatures,

______

(1) Discours du duc de Broglie à Evreux.

des constitutions diverses ont été acclamées. Lui, il était sur la rive étrangère, au loin, bien loin, seul et sans rejeton, et il souriait en s'entendant nommer, comme les enfants sourient au souvenir d'Artus et de la Table-Ronde. Et les trônes se sont écroulés, et les républiques agonisent, et les empiriques sont sifflés, et l'Enfant Royal, devenu le plus grand prince de son temps, est là, à nos portes, attendant l'heure de Dieu, si Dieu a pitié de nous. Rien sans la volonté de Dieu !

Et ce Dieu, il l'aime et il le dit tout haut. Il est le très chrétien, le fils aîné de l'Eglise et le défenseur du Pape.

« On dit que je suis dévoué au Pape, on dit vrai ! »

Sire, vous vous souveniez de saint Louis quand vous avez jeté au monde catholique cette grande parole !

Et vous saviez bien, en proclamant votre foi, qu'ils vous calomnieraient, qu'ils feraient passer votre *Credo* pour une déclaration de guerre à l'Italie. Comme si les amitiés d'un roi devaient entraîner un peuple mutilé à des sacrifices impossibles. Comme si le Cabinet qui a à sa tête le duc de Broglie, ce partisan illustre de l'Eglise, avait rappelé d'Italie notre ambassadeur.

Qu'importe, vous n'avez pas oublié le pacte de Clovis, le pacte de victoire et d'immortalité. « Nous te donnons la couronne à toi et à tes successeurs, dirent les Francs, parce que ta famille est la plus ancienne et la plus brave entre toutes.

Et tu nous conduiras à la victoire, et tu nous tailleras, en pleine Gaule, un empire tel qu'il nous convient ; ses pieds appuieront à la mer Intérieure et sa tête à la mer du Nord. »

Et lorsque ce pacte bilatéral fut passé entre le peuple Franc et les Mérovingiens, les rois Francs se mirent à l'œuvre ; et ces princes, encore barbares, eurent assez de génie pour comprendre que le royaume chrétien des Francs devait avoir pour premier allié le Pape de Rome, et ils lui découpèrent un royaume en Italie, et la France et la papauté temporelle grandirent comme deux sœurs jumelles, et chaque fois que la papauté descendit, la France fut en décroissance, et chaque fois qu'elle monta, la France prit de plus nobles essors ; et Henri V sait tout cela, puisque ce sont ses aïeux qui ont fait tout cela, et il reste fidèle au pacte de Clovis, au pacte de Charlemagne, au pacte de François Ier, au pacte de l'Assemblée française de 1849, au pacte, enfin, de la grandeur nationale d'un peuple composé de plus de trente millions de catholiques, apostoliques et romains.

Cela peut inquiéter messieurs les radicaux ; mais cela a le don de rassurer le monde catholique tout entier. Les événements se succèdent, les principes demeurent. Non, le pape ne demandera pas au roi une armée et des soldats lorsque sa fille aînée, mutilée, a perdu l'Alsace et la Lorraine ; mais la papauté est immortelle ; la Prusse aura vécu qu'elle survivra, et à Rome on sait sur qui on pourra compter.

X

Vous n'ignoriez pas non plus qu'ils dénatureraient votre pensée, lorsque vous disiez : que vous ne seriez jamais « le roi légitime de la révolution. »

Si la révolution est le progrès assuré dans les voies d'une sage liberté ; si la révolution est le règne de cette démocratie chrétienne née sur le lac de Tibériade, qui n'exclut ni l'autorité, ni la hiérarchie, mais seulement la bassesse et le servilisme ; si la révolution est l'égalité de tous devant la loi, l'abolition de la dîme et de la torture ; si la révolution est l'institution de la souveraineté fondée, dans sa forme soit monarchique soit républicaine, sur les besoins de la société ; si la révolution demande les rois faits pour les peuples et non les peuples faits pour les rois ; cette révolution-là, vous en êtes le roi légitime ; car c'est là le droit divin, le droit social supérieur du peuple français uni à votre famille et de votre famille unie au peuple français ; car ce sont vos ancêtres qui ont créé cette révolution d'ordre et de liberté et qui l'ont fait grandir parallèlement avec la grandeur et le territoire de la France.

Mais si la révolution c'est la négation du Dieu de saint Louis et de Jeanne d'Arc; si c'est le droit des Jacobins, le droit de la terreur, de l'échafaud, de l'assassinat et de l'incendie; si c'est le droit monstrueux de ces minorités, qui à chaque invasion étrangère ont mis un bâillon sur la liberté et un poignard sur la gorge du peuple, ah! vous l'avez déclaré hautement, cette révolution-là, vous l'avez en horreur et nous tous avec vous.

Vous êtes le roi légitime de la liberté et non de la licence. Vous êtes le roi de tous et non le roi de quelques-uns. Vous êtes le roi des croyants comme celui des indifférents, le roi des conservateurs comme celui des libéraux, le roi des catholiques comme celui des protestants et des juifs. Et c'est pour cela que vous protégerez les catholiques et les conservateurs tout aussi bien que les athées et les libéraux; et que sous votre règne, si les libres penseurs peuvent s'enterrer civilement les uns aux autres, s'ils peuvent s'agenouiller devant la statue de Voltaire et invoquer le Sacré-Cœur de Marat; ceux qui croient à l'âme immortelle, qui croient à Dieu, au Christ, à la Vierge, auront le droit de pouvoir prier, de se rendre aux pieds des autels impunément, sans craindre les outrages des escamoteurs de toute liberté.

Voilà votre mandat : le mandat de Clovis, le mandat de Louis XVI, le mandat de Louis XVIII, le mandat que les

Francs et les Français ont confié à votre race en échange du
droit héréditaire à les gouverner. La liberté de conscience
pour tous; mais le droit aussi qu'ont trente-six millions de
catholiques à pouvoir prier librement, à l'abri des insultes
des impies et de la tyrannie des sectaires. Les Français ne
demandent pas une religion d'Etat comme à Londres, à
Berlin, à Saint-Péterbourg; ils demandent à n'être pas
bannis du sanctuaire, à pratiquer librement la religion de
leurs aïeux, à n'être pas hués lorsqu'ils partent la croix à la
main, avec cette même croix qu'ils portaient sur leur ban-
nière lorsqu'ils défendaient, un contre dix, le sol sacré de la
patrie. Car nous ne laisserons pas intervertir les rôles. Les
persécuteurs, les intransigents, ne sont pas dans nos rangs,
ils sont dans cette armée anti-sociale qui se recrute de tous
les ennemis de Dieu et de l'ordre moral. Cette armée a ses
aumôniers, ses scribes, ses généraux : ses bataillons sont
numérotés aux registres de l'Internationale. Et nous l'avons
vue à l'œuvre. Or donc, quand on nous menace de l'intolé-
rance de Henri V, il y aurait de quoi sourire, si le sourire
était permis sur les ruines de Paris et de la France de
Louis XIV.

Je m'étonne qu'ils ne renouvellent pas cette joyeuse plai-
santerie de 1814, et qu'ils n'affirment pas que Henri V va revenir « dans les fourgons de l'étranger. »

Mais, dans l'admirable concert de ses desseins, dans le

merveilleux enchaînement de ses conseils, Dieu a arrangé, cette fois, les choses de manière à leur fermer le bouche.

Les Prussiens seront partis, les conseils de guerre auront fini de fonctionner ; grâce à Mac-Mahon, à l'Assemblée nationale, la patrie sera restaurée lorsque le fils des rois viendra, pour la première fois depuis quarante ans, *couronner l'édifice*, de ce couronnement de vertus, de patience et d'héroïsme qui n'aura pas de précédent dans l'histoire ; et la prophétie de Châteaubriand s'accomplira : « Dieu semble l'avoir taillé pour la royauté, mais il est bien décidé à ne jamais devenir une difficulté de plus pour sa patrie : il a l'héroïsme de la patience. »

Demandez donc à Dieu aujourd'hui pourquoi l'enfant royal survécut à l'assassinat du duc de Berry ; pourquoi il survécut à la chute de Kirchberg. Demandez-lui pourquoi les royautés diverses et les républiques ont passé devant l'exilé sans rejeton, sans pouvoir prendre pied sur la terre de France. Et dites avec Bossuet : « Il donne et ôte la puissance, la transporte d'un homme à un autre, d'un peuple à un autre, pour montrer qu'ils ne l'ont tous que par emprunt, et qu'il est le seul en qui elle réside naturellement. »

Courage donc et espérance : *fides, spes*. La France ne mourra pas quand Dieu lui a donné des sauveurs naturels. A la manœuvre donc, vous qui êtes les pilotes du navire !

Enseignez par vos exemples la paix, la concorde, la conciliation aux membres épars de la grande famille française, afin que tous, un jour, ils trouvent le repos sous ce grand chêne de la Monarchie française, qui a projeté mille ans l'ombre de Dieu et de la civilisation sur tout l'univers.

Boulogne (Seine) — Imp. JULES BOYER et Cᵉ — Adm. r. Nve-St-Augustin, 11, à Paris